Bibliografische Information der Deutschen Nationalbibliothek:

Die Deutsche Bibliothek verzeichnet diese Publikation in der Deutschen National-
bibliografie; detaillierte bibliografische Daten sind im Internet über http://dnb.d-
nb.de/ abrufbar.

Impressum:

Copyright © 2016 GRIN Verlag, Open Publishing GmbH
Druck und Bindung: Books on Demand GmbH, Norderstedt Germany
ISBN: 9783668346536

Dieses Buch bei GRIN:

http://www.grin.com/de/e-book/345056/der-einsatz-von-informationstechnologie-
fuer-das-vernetzte-automobil

Denis Ruiz Lopez

Aus der Reihe: e-fellows.net schüler-wissen

e-fellows.net (Hrsg.)

Band 1617

Der Einsatz von Informationstechnologie für das vernetzte Automobil

GRIN Verlag

FOM Hochschule für Oekonomie & Management Essen

Standort Stuttgart

Berufsbegleitender Studiengang zum

Master of Science IT-Management

2. Semester

Seminararbeit in Interdisziplinäre Aspekte der Wirtschaftsinformatik

Der Einsatz von Informationstechnologie für das vernetzte Automobil

Autor(in): Denis Ruiz Lopez

Abgabedatum: 31.07.2016

Inhaltsverzeichnis

Abkürzungsverzeichnis

ABS	=	Anti-Blockier-System
BMW	=	Bayrische Motoren Werke
C2C	=	Car-to-Car-Kommunikation
C2Enterprise	=	Car-to-**Enterprise**-Kommunikation
C2Infrastructure	=	Car-to-**Infrastructure**-Kommunikation
C2PE	=	Car-to-Personal Equipment-Kommunikation
C2X	=	Car-to-**X**-Kommunikation
CCU	=	Connectivity Control Unit
ESP	=	Elektronisches Stabilitäts-Programm
e.V.	=	eingetragener Verein
GPS	=	Global Positioning System
HSPA	=	High Speed Packet Access
HU	=	Head Unit
IDC	=	International Data Corporation
IMS	=	Internet Protocol Multimedia Subsystem
IP	=	Internet Protocol
IT	=	Informationstechnologie
KFZ	=	Kraftfahrzeug
LKW	=	Lastkraftwagen
LTE	=	Long Term Evolution
MWC	=	Mobile World Congress
OBU	=	OnBoard-Unit
PKW	=	Personenkraftwagen
SIM	=	Subscriber Identity Module
UMTS	=	Universal Mobile Telecommunications System
VANET	=	Vehicular Ad-Hoc-Network
VBA	=	Verband der Automobilindustrie
VoIP	=	Voice over Internet Protocol
WAVE	=	Wireless Access in Vehicular Environments
3G	=	Mobilfunkstandard der dritten Generation
4G	=	Mobilfunkstandard der vierten Generation
5G	=	Mobilfunkstandard der fünften Generation

Abbildungsverzeichnis

1 Einleitung

1.1 Problemstellung

Autos fahren selbstständig und dicht aneinander gereiht, ständig im gleichen Abstand und mit gleich hoher Geschwindigkeit. Die Fahrzeuge sind verbunden mit der Straßeninfrastruktur, dem Internet und untereinander. Es existieren keine Ampeln. Die Passagiere in den Autos widmen sich mit voller Aufmerksamkeit ausschließlich dem Infotainmentsystem[1] des Fahrzeugs und surfen beispielsweise im Word Wide Web oder kommunizieren über soziale Netzwerke mit Freunden. Kein einziges Fahrzeug missachtet während der Fahrt eine Verkehrsordnung. Bei der Ankunft am Ziel, gibt das Fahrzeug den Passagieren die Möglichkeit, das Auto zu verlassen und sucht im Anschluss selbstständig nach einem geeigneten Parkplatz. Der Besitzer des Fahrzeugs hat über sein mobiles Endgerät jederzeit die Möglichkeit, den Standort des Fahrzeugs festzustellen und wieder zu sich zu rufen, falls eine weitere Fahrt gewünscht ist. Szenarien dieser Art erscheinen auf den ersten Blick vollkommen unvorstellbar, hat aber gemäß dem Verband der Automobilindustrie (VBA) in Zukunft tatsächlich konkrete Realisierungschancen.[2]

Die Nutzung der Informationstechnologie (IT) im Fahrzeug eröffnete der Automobilindustrie in der Vergangenheit zahlreiche, neuartige Innovationen, von der Zentralverriegelung bis hin zur Spurhalteunterstützung.[3] Die Vernetzung mit anderen Fahrzeugen oder Infrastrukturen hebt die Nutzung von Informationstechnologie im Fahrzeug auf eine höhere Ebene – dem sogenannten vernetzten Fahrzeug (im Englischen „Connected Car"). Das Automobil empfängt und verarbeitet zukünftig nicht nur Daten aus unterschiedlichen Kanälen, sondern tauscht die eigenen mit der gesamten Umwelt aus.[4] Das Automobil wird hierdurch mithilfe der darin enthaltenen Informations- und Kommunikationssysteme zum mobilen Kommunikationsmittelpunkt für die Vernetzung von Auto und Infrastruktur, von Autos untereinander und von Menschen mit sozialen Netzwerken.[5]

---

[1] Definition: Unter dem Begriff Infotainmentsystem wird das Zusammenführen von Autoradio, Navigationssystem und weiteren Funktionen in eine zentrale Bedieneinheit verstanden. Dabei handelt es sich um ein Kunstwort aus den Begriffen Information und Entertainment.
[2] Vgl. Verband der Automobilindustrie e.V. (2016).
[3] Vgl. Verband der Automobilindustrie e.V. (2012), S.6.
[4] Vgl. ebd., S.6.
[5] Vgl. ebd., S.6.

1.2 Zielsetzung

Das Ziel der wissenschaftlichen Ausarbeitung ist die Verbindung zwischen dem Automobil und der Informatik am Beispiel des Themenbereichs „Vernetztes Fahrzeug" aufzuzeigen. Neben den hierbei verwendeten Basistechniken sollen die Einsatzfelder von vernetzten Fahrzeugen betrachtet und die damit verbundenen Herausforderungen sowie Trends näher beleuchtet werden.

1.3 Vorgehensweise

Im Anschluss an die Einleitung wird in Kapitel 2 die Verbindung der beiden Themenbereiche Automobil und Informatik beschrieben und über die Definition des Begriffs „Vernetztes Fahrzeug" näher beleuchtet. In Kapitel 3 werden die neben der IT verwendeten Basistechniken für die Vernetzung des Fahrzeugs vorgestellt. Die mit Kapitel 2 und 3 vermittelten Grundlagen bilden die Basis für die Vorstellung der Anwendungsgebiete des vernetzten Fahrzeugs in Kapitel 4. Anschließend soll in Kapitel 5 auf die entstehenden Herausforderungen und Trends eingegangen werden. Abschließend werden im Fazit die wesentlichen Erkenntnisse der wissenschaftlichen Ausarbeitung zusammengefasst.

2 Automobil und Informatik

Dieses Kapitel soll die Verbindung zwischen den Themenbereichen Automobil und der Informatik durch den Fokus auf das Gebiet „Vernetztes Fahrzeug" näher beleuchten. Hierfür wird zunächst die Entwicklung des Automobils dargestellt. Im Anschluss erfolgt die Einordnung und Definition des Themas „Vernetztes Fahrzeug", welches durch den Einsatz von Informationstechnologie im Fahrzeug ermöglicht wird und den Schwerpunkt der vorliegenden Arbeit bilden soll.

2.1 Entwicklung des Automobils

Als Erfinder des Automobils gilt Herr Karl Benz.[6] Diesem gelang erstmals am 3. Juli 1886, dass ein Straßenfahrzeug, angetrieben durch einen Viertaktmotor, eine Wegstrecke aus eigener Kraft zurücklegte.[7] Zuvor hatte es zwar bereits Dampf- und Elektrowagen bis hin zu Fahrzeugen mit Verbrennungsmotoren gegeben, allerdings konnte keiner dieser

---

[6] Vgl. von Fersen, O. (1986), S. 10.
[7] Vgl. ebd., S. 10.

Vorläufer alle Kriterien der Definition eines Automobils und Erfinders erfüllen.[8] Neben dem aus eigener Kraft ermöglichten Antrieb, der Fremdzündung und der Lenkung, erfüllte Herr Karl Benz mit seinem Straßenfahrzeug die Kriterien „Verkäufer und Lizenzgeber", „Anstöße zur Motorisierung" und „kontinuierliche, ununterbrochene Weiterentwicklung".[9] Fortan galten die Motorwagen von Benz bis zum ersten Weltkrieg als Maßstab in der Automobilindustrie.[10] Es folgten zahlreiche Verbesserungen in Technik und Produktionsmethoden wie beispielsweise die Blockbauweise, welche die Vereinigung von Motor und Getriebe beschreibt, die Batteriezündung oder genormte Werkzeuge sowie genormte Teile des Automobils.[11] Neben dem Wettbewerb der unterschiedlichen Motorensysteme, gilt die Einführung von Arbeitsteilung und Serienfertigung am Band durch den amerikanischen Autohersteller Ford als wichtiger Schritt in der Geschichte des Automobils.[12] Autos wurden durch die nun ermöglichten geringeren Kosten zum Massenprodukt.[13] Nach und nach entwickelte sich das Automobil bis zu seiner heutigen Form mithilfe unzähliger Innovationen weltweit zum wichtigsten Transportmittel zu Lande.[14] Mitte der siebziger Jahre fand dabei erstmals die Elektronik in Form von kontaktlosen Transistor-Zündsystemen Einzug in das Automobil.[15] Die Informationstechnologie nahm 1977 mit dem weltweit ersten Bordcomputer in einem Automobil des Fahrzeugherstellers Bayrische Motoren Werke (BMW) Einzug ins Fahrzeug.[16] In den achtziger Jahren folgte die Einführung des elektronischen Antiblockiersystems ABS und der digitalen Motorsteuerung.[17] Weitere Meilensteine, die für technische Entwicklungssprünge im Automobil durch den Einsatz von IT führten, sind beispielsweise das Navigationssystem im Jahre 1994, das elektronische Stabilitäts-Programm ESP im Jahre 1995 und das Abstandsregeltempomat im Jahre 1999.[18]

---

[8] Vgl. von Fersen, O. (1986), S. 10.
[9] Vgl. ebd., S. 12.
[10] Vgl. ebd., S. 23.
[11] Vgl. ebd., S. 27.
[12] Vgl. ebd., S. 28.
[13] Vgl. ebd., S. 28.
[14] Vgl. ebd., S. 65.
[15] Vgl. ebd., S. 58.
[16] Vgl. IDG Business Media GmbH (2016).
[17] Vgl. ebd.
[18] Vgl. ebd.

2.2   Definition und Einordnung von vernetzten Fahrzeugen

Nachdem in den letzten 30 Jahren moderne Elektrik und Elektronik zu wichtigen Bestandsteilen eines Autos wurden, folgten die sogenannten Assistenzsysteme.[19] Mit deren Sensoren und Kameras wurde dem Automobil das Fühlen und Sehen beigebracht.[20] Die IT im Fahrzeug nahm immer weiter zu und damit einhergehend die Vernetzung des Automobils mit den Systemen innerhalb des Fahrzeugs. Die nachfolgende Abbildung 1 soll exemplarisch die Zunahme der IT im Fahrzeug zeigen.

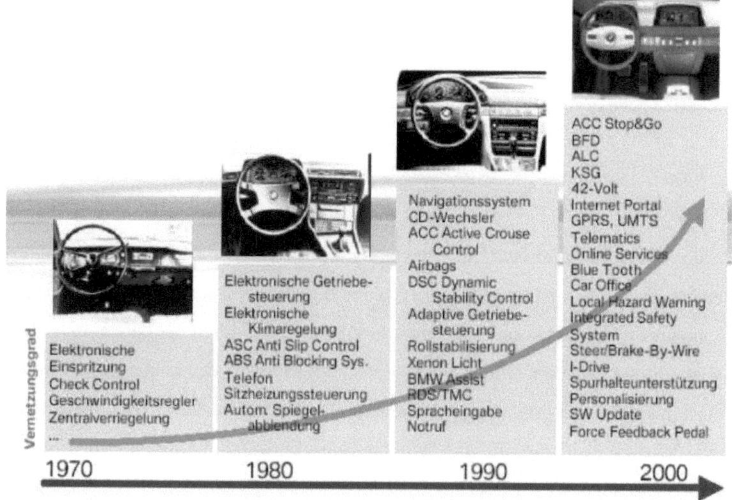

Quelle: Saad, A. (o.J.), S. 35

Abbildung 1: Zunahme der IT im Fahrzeug

In Kombination mit dem Internet im Automobil, der sogenannten Telematik[21], wird die bisherige Vernetzung des Fahrzeugs erweitert.[22] Die Vernetzung beschränkt sich nun nicht nur auf die Systeme innerhalb des Automobils, sondern erfolgt mithilfe des Internets mit den Autos untereinander und mit anderen Technologien, die mit dem Internet verbunden sind.[23] Es entsteht ein sogenanntes „Connected Car". Wörtlich übersetzt bedeutet

---

[19] Vgl. Johanning, V., Mildner, R. (2015), S. 1.
[20] Vgl. ebd., S. 1.
[21] Definition: Telematik ist ein Kunstwort aus den Begriffen Informatik und Telekommunikation.
[22] Vgl. Johanning, V., Mildner, R. (2015), S. 1.
[23] Vgl. ebd., S. 1.

Connected Car „vernetztes Fahrzeug". Für diesen Begriff gibt es noch keine allgemein gültige und übergreifend akzeptierte Definition, denn das Themenfeld ist hierfür noch zu jung und zu dynamisch.[24] Der Professor für Informationsmanagement der Hochschule Neu-Ulm, Herr Dr. Jörg-Oliver Vogt, definiert in einer Publikation zu diesem Thema den Begriff „Connected Car" als vernetztes Fahrzeug, welches mit sich selbst, seinen Anwendern und seiner Umwelt vernetzt ist und mit diesen in allen Richtungen kommuniziert.[25] Für das vernetzte Fahrzeug existieren im Wesentlichen die folgenden drei Anwendungsbereiche:[26]

1) Das Anwendungsfeld Sicherheit:

   Ziel ist es, dass mit vernetzten Fahrzeugen die Verkehrssicherheit drastisch erhöht wird. Durch die Kommunikation mit anderen Fahrzeugen und der Straßeninfrastruktur wird ermöglicht, dass bereits auf eine Situation reagiert wird, die im Normalfall durch den Fahrer noch gar nicht zu sehen ist. Ein Beispiel hierfür wäre die Vermeidung von Auffahrunfällen, da das Fahrzeug automatisch bremsen würde, wenn das vorausfahrende Fahrzeug abrupt bremst. Durch die Vernetzung der Fahrzeuge würde bereits die Bremsinformation frühzeitig untereinander ausgetauscht werden.

2) Das Anwendungsfeld Effizienz/Wirtschaftlichkeit:

   Für den Güterverkehr auf den Straßen ist jeder Stau mit Kosten verbunden. Durch die Vernetzung von Fahrzeugen mit der Infrastruktur können zukünftig alle staubildenden Faktoren gesammelt werden und den mit der Infrastruktur verbundenen Fahrzeugen übermittelt werden, um damit frühzeitig und in Echtzeit Staus entgegenzuwirken.

3) Das Anwendungsfeld Infotainment:

   Mit diesem Kunstwort, gebildet aus den Begriffen Information und Entertainment, werden Funktionen im Automobil, wie beispielsweise Nachrichtendienste, Wetterdienste oder Musikdienste, beschrieben. Angereichert mit der Vernetzung von Automobil und Infrastruktur können beispielsweise ortsbasierte Empfehlungen von Tankstellen oder Restaurants dem Benutzer des Infotainmentsystems vermittelt werden.

---

[24] Vgl. Johanning, V., Mildner, R. (2015), S. 2.
[25] Vgl. Vogt, J. (2014), S. 7.
[26] Vgl. Johanning, V., Mildner, R. (2015), S. 5.

3 Basistechniken

In diesem Kapitel gilt es die im Rahmen des vernetzten Fahrzeugs notwendigen Basistechniken vorzustellen. Der Fokus liegt auf das Erzeugen eines Verständnisses für die Technologien und die technischen Komponenten, die vorhanden sein müssen, um vernetzte Fahrzeuge realisieren zu können.

3.1 Datenübertragung

Eines der wichtigsten Bestandteile für die Realisierung des vernetzten Fahrzeugs ist die Vernetzung selbst.[27] Dabei unterscheidet man grundsätzlich zwischen der rein internen Vernetzung des Fahrzeugs, welche für die einfachen Assistenzsysteme innerhalb des Fahrzeugs wichtig sind, und der externen Vernetzung des Fahrzeugs.[28] Für beide Arten der Vernetzung ist eine Infrastruktur notwendig, die eine Kommunikation in Form einer Datenübertragung ermöglicht.[29] Die Übertragungswege gliedern sich dabei in Mobilfunk und Drahtlosnetzwerke.[30] Ein Ausschnitt über die möglichen Übertragungswege für die interne sowie externe Vernetzung von Fahrzeugen soll im Folgenden vorgestellt werden.

3.1.1 Universal Mobile Telecommunications System

UMTS steht für Universal Mobile Telecommunications System und ist ein 1999 eingeführter Mobilfunkstandard der dritten Generation (3G).[31] UMTS ist in weiten Teilen Europas verbreitet, in Deutschland nahezu vollständig ausgebaut und bietet damit ideale Voraussetzung für den Einsatz im Bereich der Vernetzung von Fahrzeugen.[32] Seit Einführung von UMTS konnte mithilfe des erweiterten Standards „High Speed Packet Access" (HSPA Evolution /HPSPA+) die Downlink-Geschwindigkeit[33] auf 21 Megabits pro Sekunde sowie die Uplink-Geschwindigkeit[34] auf 11 Megabits pro Sekunde erhöht werden.[35]

---

[27] Vgl. Vogt, J. (2014), S. 12.
[28] Vgl. ebd., S. 12.
[29] Vgl. ebd., S. 12.
[30] Vgl. ebd., S. 12.
[31] Vgl. Dietz, U. (2009), S. 15 f.
[32] Vgl. ebd., S. 15 f.
[33] Definition: Der Begriff Downlink beschreibt die Verbindung mit der Datenflussrichtung, die aus der Sicht des Endgeräts aus Richtung des Telekommunikationsnetzes kommt.
[34] Definition: Im Gegensatz zu Downlink beschreibt der Begriff Uplink die Verbindung mit der Datenflussrichtung, die aus der Sicht des Endgeräts in Richtung des Telekommunikationsnetzes geht.
[35] Vgl. Dietz, U. (2009), S. 15 f.

3.1.2 Long Term Evolution

LTE steht für Long Term Evolution und ist ein 2009 eingeführter Mobilfunkstandard der vierten Generation.[36] Im Gegensatz zu UMTS ist LTE durch die verschiedenen Bandbreiten flexibler und basiert auf das Internet Protocol (IP).[37] Geringe Latenzzeiten ermöglichen störungsfreie Übertragungen von IP basierten Sprachdiensten (VoIP) und Einsätze von zeitkritischen Diensten.[38] In der höchsten Bandbreite ermöglicht LTE eine Downlink-Geschwindigkeit von über 300 Megabits pro Sekunde und eine Uplink-Geschwindigkeit von 75 Megabits.[39]

3.1.3 IP Multimedia Subsystem

IMS steht für IP Multimedia Subsystem und ist kein Mobilfunkstandard, sondern vielmehr ein auf IP basiertes Vermittlungsnetz für die Verbindung zwischen den klassischen Mobilfunknetzen wie UMTS und den IP-basierten Netzen.[40] Durch diese Trennung werden IP basierte Dienste für Mobilfunknetze kompatibler gemacht.[41]

3.1.4 Wireless Access in Vehicular Environments

WAVE steht für Wireless Access in Vehicular Environments und ist ein auf Fahrzeugvernetzung spezialisierter Standard der drahtlosen Datenübertragung.[42] Der Standard ermöglicht eine Downlink-Geschwindigkeit von bis zu 27 Megabits pro Sekunde bei einer Reichweite von bis zu 1000m.[43]

3.1.5 Vehicular Ad-Hoc-Network

VANET steht für Vehicular Ad-Hoc-Network und ist ein Standard der drahtlosen Datenübertragung.[44] VANET beschreibt ein Ad-Hoc-Netzwerk aus Automobilen, die in kürzester Zeit untereinander sowie selbstständig eine Drahtlosverbindung aufbauen, um Daten über mehrere Automobile hinweg weiterleiten zu können.[45]

---

[36] Vgl. Dietz, U. (2009), S. 17 f.
[37] Vgl. ebd., S. 18.
[38] Vgl. ebd., S. 18.
[39] Vgl. ebd., S. 18.
[40] Vgl. ebd., S. 20.
[41] Vgl. ebd., S. 20.
[42] Vgl. United States Department of Transportation (2009).
[43] Vgl. ebd.
[44] Vgl. Plößl, K. (2009), S. 8.
[45] Vgl. ebd., S. 8.

3.1.6 Bluetooth

Bluetooth ist ein durch die Special Interest Group[46] 1998 eingeführter Industriestandard für die drahtlose Datenübertragung zwischen mobilen Multimediageräten, Computer und Peripheriegeräte.[47] Bluetooth ist ein auf Kurzstreckenfunk spezialisierter Standard und eignet sich daher mit seiner geringen Datenübertragung von derzeit maximal 3 Megabits pro Sekunde für die interne Vernetzung des Fahrzeugs.[48]

3.2 Positionsbestimmung

Für viele IT-Anwendungen im Bereich der vernetzten Fahrzeuge wie beispielsweise das Abrufen von Stauinformationen auf der derzeitigen Strecke ist eine genaue Positionsbestimmung unerlässlich.[49] Im Folgenden werden die zwei satellitengestützte Systeme Global Positioning System (GPS) und Galileo kurz vorgestellt.

3.2.1 Global Positioning System

GPS ist ein satellitengestütztes System für die Bestimmung von Position und Geschwindigkeit eines bewegenden oder stillstehenden Objekts auf der Erde.[50] Das System setzt sich zusammen aus 24 Satelliten, welche in sechs Bahnebenen mit jeweils vier Satelliten die Erde bei einer Höhe von 20200 km umkreisen.[51] Betrieben wird das amerikanische System GPS durch das United States Department of Defense.[52] Aus diesem Grund teilt sich der Einsatzbereich aktuell in einen zivilen und militärischen Bereich.[53]

3.2.2 Galileo

Galileo ist wie GPS ein satellitengestütztes System zur Bestimmung von Position und Geschwindigkeit einzelner Objekte auf der Erde.[54] Im Gegensatz zu GPS wird es von der europäischen Union betrieben und ausschließlich für zivile Zwecke zur Verfügung gestellt.[55] Galileo besteht aus 30 Satelliten, die auf drei kreisförmigen Bahnebenen die Erde

---

[46] Definition: Die Special Interest Group ist eine Interessengemeinschaft von Unternehmen mit dem Ziel der Entwicklung und Verbreitung der Bluetooth-Technologie.
[47] Vgl. Reif, K. (2011), S. 122.
[48] Vgl. ebd., S. 122 f.
[49] Vgl. Johanning, V., Mildner, R. (2015), S. 35 ff.
[50] Vgl. Hofmann-Wellendorf, B., Kienast, G., Lichtenegger, H. (1994), S. 1.
[51] Vgl. ebd., S. 2.
[52] Vgl. ebd., S. 1.
[53] Vgl. ebd., S. 1.
[54] Vgl. ITWissen.info (2014).
[55] Vgl. ebd.

in einer Höhe von 23.616 km umkreisen.[56] Durch dieses Konzept soll Galileo noch genauer in der Positions- und Geschwindigkeitsbestimmung sein wie das amerikanische Gegenstück GPS.[57]

3.3 Sensoren und Steuergeräte

Die Funktionsweise der vernetzten Fahrzeuge basiert neben der Vernetzung des Fahrzeugs mit dem Internet auf die Kopplung von Informationen aus Elektrik- und Elektroniksensoren des Automobils.[58] Im Fahrzeug gibt es zahlreiche Sensoren, die als Wahrnehmungsorgan des Automobils dienen, indem sie variable Eingangsgrößen in elektronische Signale umsetzen.[59] Typische Sensoren, welche sich im Fahrzeug befinden, sind beispielsweise:[60]

- Positionssensoren
- Beschleunigungssensoren
- Drucksensoren
- Temperatursensoren
- Drehzahl- und Geschwindigkeitssensoren
- Bildsensoren

Die durch die Sensoren entstehenden elektronischen Signale werden durch Steuergeräte im Fahrzeug empfangen und ausgewertet.[61] Die Auswertungen werden der Software, dem Steuerungsprogramm, im Steuergerät zur Verfügung gestellt, welches auf Basis der Auswertungen und hinterlegter Algorithmen andere elektronische Systeme im Automobil steuert und regelt.[62] Im Bereich der vernetzten Fahrzeuge kann damit beispielweise die Information des abrupten Abbremsens eines Fahrzeugs (Beschleunigungs-und Geschwindigkeitssensoren) wegen einem Hindernis auf der aktuellen Strecke (Bildsensoren) den nachfolgenden Fahrzeugen weitergegeben werden, damit diese frühzeitig darauf reagieren können.[63]

---

[56] Vgl. ITWissen.info (2014).
[57] Vgl. ebd.
[58] Vgl. Johanning, V., Mildner, R. (2015), S. 15.
[59] Vgl. Reif, K. (2011), S. 254
[60] Vgl. ebd., S. 254 ff.
[61] Vgl. ebd., S. 198.
[62] Vgl. ebd., S. 198.
[63] Vgl. Johanning, V., Mildner, R. (2015), S. 15.

Weitere notwendige elektrische Komponenten sind unter anderem:[64]

- Head Unit (HU) oder OnBoard-Unit (OBU):

  Hierbei handelt es sich um die zentrale Bedieneinheit im Fahrzeug, welche den Fahrzeuginsassen die Möglichkeit bietet, die Navigation, die Fahrzeugeinstellungen oder das Radio/Entertainment zu bedienen.

- Connectivity Control Unit (CCU):

  Hierbei handelt es sich um ein elektronisches Steuergerät, welches eine ständige Internetverbindung durch eine integrierte Subscriber Identity Module-Karte (SIM-Karte) ermöglicht.

4   Anwendungsgebiete vernetzter Fahrzeuge

In den vorausgegangenen Kapiteln wurden die Grundlagen für das Verständnis von vernetzten Fahrzeugen vorgestellt. Im folgenden Kapitel sollen nun die Kommunikationsmodelle der vernetzten Fahrzeuge dargestellt werden, die durch die Kombination der Basistechniken und der IT entstehen. Anhand von konkreten Anwendungsfällen soll die Funktionsweise der Modelle aufgezeigt werden. Dazu wird zunächst kurz ein Überblick gegeben und anschließend Teile der Kommunikationsmodelle im Einzelnen vorgestellt.

4.1   Überblick der Car-to-X-Kommunikation

Wörtlich übersetzt bedeutet Car-to-X-Kommunikation „Fahrzeug zu X-Kommunikation" und hat die Abkürzung „Car2X".[65] Mit diesem Begriff soll der drahtlose Austausch von Informationen eines Fahrzeugs mit einem beliebigen anderen Objekt beschrieben werden.[66]

---

[64] Vgl. Johanning, V., Mildner, R. (2015), S. 21.
[65] Vgl. Laglstorfer, R. J. (2013), S. 18.
[66] Vgl. ebd., S. 18.

Die nachfolgende Abbildung soll die Klassifikation der Car2X-Kommuniaktion aufzeigen.

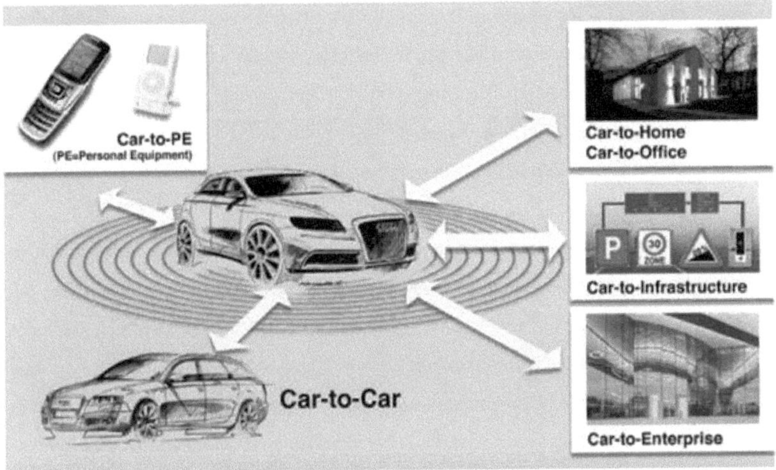

Quelle: Laglstorfer, R. J. (2013), S. 18.

Abbildung 2: Klassifikation der Car2X-Kommunikation

Das X steht dabei für eines dieser beliebig anderen Objekte wie beispielsweise:[67]

- andere Fahrzeuge („Car2Car-Kommunikation", wörtlich übersetzt „Auto-zu-Auto-Kommunikation")

- Verkehrsinfrastrukturen („Car2Infrastructure-Kommunikation", wörtlich übersetzt „Auto-zu-Infrastruktur-Kommunikation")

- das eigene Zuhause oder Büro („Car2Home/Office-Kommunikation", wörtlich übersetzt „Auto-zu-Heim/Büro-Kommunikation")

- kommerzielle Infrastrukturen oder Dienste („Car2Enterprise-Kommunikation", wörtlich übersetzt „Auto-zu-Unternehmen-Kommunikation")

- tragbare Elektronikgeräte („Car2Personal Equipment-Kommunikation", wörtlich übersetzt „Auto-zu-persönliche Geräte-Kommunikation")

Unter Fahrzeug werden dabei nicht nur die Personenkraftwagen (PKW) verstanden, sondern auch Lastkraftwagen (LKW), Busse oder Motorräder.[68]

---

[67] Vgl. Johanning, V., Mildner, R. (2015), S. 15 f.
[68] Vgl. Laglstorfer, R. J. (2013), S. 18.s

4.2 Car-to-Car-Kommunikation

Die Car2Car-Kommunikation beschreibt den direkten Informationsaustausch zwischen fahrende Fahrzeuge.[69] Dabei basiert die Funktionsweise der Kommunikation auf das Zusammenlegen von Informationen aus den im Fahrzeug befindlichen Sensoren und Steuergeräten durch IT-Systeme im Fahrzeug sowie der Vernetzung des Fahrzeugs mit dem Internet.[70] Im Bereich der Car2Car-Kommunikation wird auf die Funkstandards wie beispielsweise WAVE und VANET zurückgegriffen.[71]

Die Anwendungsfälle, die sich durch die Vernetzung von Fahrzeugen untereinander ergeben, sind zahlreich. So könnten beispielsweise komplexe Algorithmen von IT-Systemen das Ansprechen des Anti-Blockier-Systems (ABS) in einem Fahrzeug oder das schnelle Drosseln der Geschwindigkeit auf Gefahren hinweisen, die in kürzester Zeit mit anderen Fahrzeugen in der Umgebung ausgetauscht werden.[72] Neben dem Ziel der möglichst frühzeitigen Hinweise auf Gefahren zur Vermeidung von Unfällen, ist die Optimierung des Verkehrsflusses ein weiteres Ziel der Car2Car-Kommunikation. Dabei werden Informationen zu Staus, langsamen Verkehr oder schlechten Wetterbedingungen wie Glatteis oder Aquaplaning, die durch im Fahrzeug befindlichen IT-Systeme ausgewertet wurden, zwischen den Fahrzeugen zur Optimierung des Verkehrsflusses ausgetauscht.[73]

---

[69] Vgl. Johanning, V., Mildner, R. (2015), S. 15.
[70] Vgl. ebd., S. 15.
[71] Vgl. Käfer, T. (2015), S. 47.
[72] Vgl. Johanning, V., Mildner, R. (2015), S. 15.
[73] Vgl. ebd., S. 15.

Ein weiterer Anwendungsfall ist das virtuelle Blaulicht, das durch die nachfolgende Abbildung illustriert werden soll.

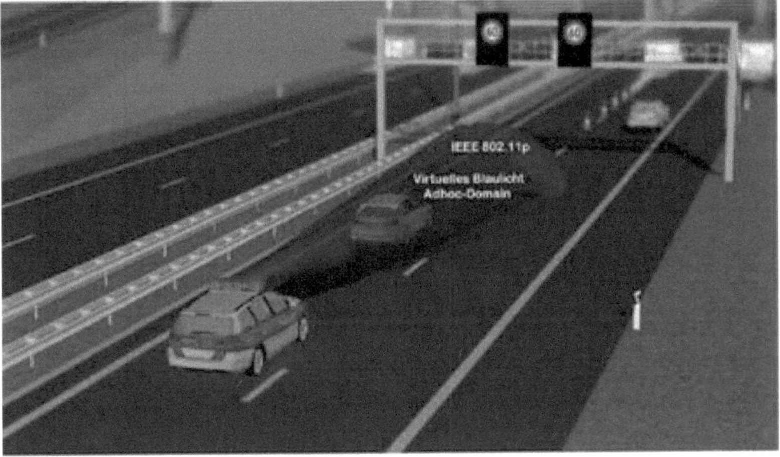

Quelle: Käfer, T. (2015), S. 49.

Abbildung 3: Virtuelles Blaulicht

Einsatzfahrzeuge werden dabei mit einem virtuellen Blaulicht ausgestattet, die mithilfe der Car2Car-Kommunikation, ihre Position, aktuelle Geschwindigkeit und Richtung mit anderen Fahrzeugen in der Umgebung bzw. Fahrtrichtung austauschen.[74] Damit sollen Rettungsgassen effektiver und effizienter und künftig bei selbstfahrenden Autos sogar automatisiert gebildet werden. Weitere Anwendungsfälle, die mit Hilfe komplexer Softwarealgorithmen möglich gemacht werden sollen, sind elektronische Bremslichter, die den nachfolgenden Fahrzeug auf das Bremsen des vorausfahrenden Fahrzeugs hinweisen sollen, Einscher-Assistenten, Überhol-Assistenten oder Einfädel-Assistenten.[75]

---

[74] Vgl. Käfer, T. (2015), S. 47.
[75] Vgl. ebd., S. 48.

4.3 Car-to-Infrastructure-Kommunikation

Die Car2Infrastructure-Kommunikation beschreibt den Informationsaustausch zwischen Fahrzeuge und Infrastruktureinrichtungen wie beispielweise Verkehrsleit- oder Ampelsysteme.[76] Im Bereich der Car2Infrastructure-Kommunikation wird auf die Mobilfunkstandards wie beispielsweise LTE zurückgegriffen.[77]

Zum Spektrum der damit entstehenden Anwendungsfälle gehört das automatische Anzeigen von freien Parkplätzen und zukünftig das automatische Einparken in freie Parkplätzen.[78] Radio-Staumeldungen werden künftig nicht mehr benötigt, denn durch die Car2Infrastructure-Kommunikation entstehenden Real-Time-Traffic-Daten, übersetzt „aktuelle Verkehrslage in Echtzeit", werden Reaktionen auf kommende Hindernisse nun um einiges frühzeitiger, genauer und effizienter umgehbar.[79] Dazu werden durch im Fahrzeug befindliche IT-Systeme ausgewertete Sensorinformationen über Staus oder Hindernisse auf der aktuellen Position über das Internet an alle anderen mit dem Internet vernetzten Fahrzeugen weitergegeben. Ein weiterer Anwendungsfall ist der Einsatz von elektronischen Verkehrszeichen. Dabei wird den Inhalt von Verkehrszeichen elektronisch auf die auf der Strecke befindlichen Fahrzeuge übertragen und im Bordcomputer des Fahrzeugs dem Insassen angezeigt.[80] Mit Einzug des autonomen Fahrens könnten die elektronischen Verkehrszeichen durch das selbstfahrende Fahrzeug zukünftig automatisch berücksichtigt werden und damit beispielsweise bei Tempolimits die Geschwindigkeit entsprechend erhöhen oder verringern.

4.4 Car-to-Personal Equipment-Kommunikation

Die Car2Personal Equipment-Kommunikation beschreibt den Informationsaustausch zwischen Fahrzeugen und elektronischen Geräten wie beispielsweise Notebooks, Digitalkameras, Tablets oder Smartphones.[81] Neben dem drahtlosen Datentransfer von Foto-, Musik- oder Videodateien können elektronische Adressbücher oder Terminplaner synchronisiert werden.[82]

---

[76] Vgl. Johanning, V., Mildner, R. (2015), S. 15.
[77] Vgl. Käfer, T. (2015), S. 47.
[78] Vgl. Johanning, V., Mildner, R. (2015), S. 15.
[79] Vgl. ebd., S. 37.
[80] Vgl. Käfer, T. (2015), S. 49.
[81] Vgl. Laglstorfer, R. J. (2013), S. 19.
[82] Vgl. ebd., S. 19.

Die Car2Personal Equipment-Kommunikation ermöglicht zudem neue Geschäftsmodelle wie beispielsweise die neue Kraftfahrzeug-Versicherung der Allianz „BonusDrive".[83] Hierfür wird eine Smartphone-Applikation, die sogenannte „BonusDrive-App", genutzt, die sich mit der Bluetoothquelle des Fahrzeugs verbindet. Während der Autofahrt wird nun der Fahrstil, die Geschwindigkeit, die Beschleunigung und das Brems- und Lenkverhalten per GPS erfasst und in der Applikation ausgewertet. Je umsichtiger der Fahrer gefahren ist, desto mehr Rabatt gibt es am Ende auf die Versicherungsprämie.[84]

4.5 Car-to-Enterprise-Kommunikation

Im Gegensatz zur Car2Infrastructure-Kommunikation beschreibt die Car2Enterprise-Kommunikation den Informationsaustausch zwischen Fahrzeugen und kommerziell genutzte Infrastrukturen.[85]

Hierzu zählen beispielsweise ortsbezogene Funktionen. Angereichert mit dem GPS-Signal des Fahrzeugs und der entsprechend programmierten IT-Anwendung zur Auswertung des GPS-Signals können ortsbezogene Suchfunktionen wie z.B. eine Restaurantsuche, eine Hotelsuche, eine Tankstellensuche (inklusive Preise), eine Apothekensuche oder eine Geldautomatensuche im vernetzten Fahrzeug über das Internet angeboten werden.[86] Auch eine Parkplatzsuche gilt als möglicher Anwendungsfall. Dabei wird eine Verbindung zu Parkhäusern aufgebaut und geprüft, ob und wo im entsprechenden Parkhaus ein freier Parkplatz vorhanden ist. Zusätzlich erfolgt bei Nutzung der Parkmöglichkeit der Bezahlvorgang mit dem Parkhaus automatisiert, denn die Kontoinformationen sind im IT-System des Fahrzeugs hinterlegt und die Parkdauer dem Parkhaus durch die Vernetzung genauestens bekannt.[87]

---

[83] Vgl. Allianz Deutschland AG (2016).
[84] Vgl. ebd.
[85] Vgl. Johanning, V., Mildner, R. (2015), S. 16.
[86] Vgl. ebd., S. 39.
[87] Vgl. Johanning, V., Mildner, R. (2015), S. 16.

5 Herausforderungen und Trends

Im Folgenden sollen die durch die Vernetzung des Automobils entstehenden Herausforderungen beschrieben werden. Im Anschluss soll ein Ausblick gegeben werden, wie sich das Themenfeld des vernetzten Fahrzeugs zukünftig weiterentwickeln könnte.

5.1 Herausforderungen

Nach einer Studie der International Data Corporation (IDC) zur Sicherheit von Anwendungen im vernetzten Fahrzeug fürchten mehr als die 50% der Teilnehmer um die Sicherheit von Assistenzsystemen oder das automatische Einparken.[88] Durch die Vernetzung von Fahrzeug und persönlichen Endgeräten wie das Smartphone können Sicherheitslücken durch auf dem Endgerät befindliche Schadsoftware ausgenutzt und damit die Kontrolle über die Sicherheit des Fahrzeugs verloren gegangen werden.

In der Entwicklung von Anwendungen vernetzter Fahrzeuge rückt die Qualitätssicherung daher immer stärker in den Vordergrund. Durch den immer weiter steigenden Funktionsumfang von vernetzten Fahrzeugen werden die künftigen Fahrzeugarchitekturen immer komplexer.[89] Die Millionen von möglichen Parameterkombinationen aller Systeme sind praktisch unmöglich vollständig zu testen.[90] Es ist somit sicherzustellen, dass erweiterte Sicherheitsstandards bereits in der Entwurfsphase neuer Funktionen etabliert werden, um bereits zu Beginn der Entwicklung keine Fehler entstehen zu lassen.[91]

Ein weiterer Aspekt ist der Datenschutz des Fahrers. In der Studie sorgen sich 30% der deutschen Teilnehmer um ihre personenbezogenen Daten durch die immer größer werdende Vernetzung des Fahrzeugs.[92] So können beispielsweise während des im Kapitel 4.5 vorgestellten Bezahlvorgangs eines Parkplatzes Kreditkartendaten durch ein Hackerangriff verloren gehen. Auch die Nutzung der im Kapitel 4.4 vorgestellten Kraftfahrzeug-Versicherung kann das Risiko eines Verlustes von persönlichen Daten wie das Fahrverhalten oder die Fahrzeugposition durch die Bluetooth-Verbindung erhöhen. Durch die

---

[88] Vgl. Brown, D. (2016), S. 3 f.
[89] Vgl. Johanning, V., Mildner, R. (2015), S. 77.
[90] Vgl. ebd., S. 77.
[91] Vgl. ebd., S. 77.
[92] Vgl. Brown, D. (2016), S. 7.

Verbindung zum Internet wird das vernetzte Fahrzeug zusätzlich zur Zielscheibe für mögliche Hackerangriffen.[93] Es ist daher essentiell, vor allem in Bezug auf das autonome Fahren, im Umfeld der vernetzten Fahrzeuge streng regulierte Sicherheitsstandards für den Datenschutz der Anwender einzuführen.[94]

Neben den Sicherheitsstandards gehört die Etablierung von weltweit geltenden Industriestandards in der Datenübertragung für die unterschiedlichen Kommunikationsmodelle (siehe Kapitel 4) zu den lösenden Herausforderungen, um eine problemlose und effiziente Datenübertragung zwischen mehreren Fahrzeugen unterschiedlicher Automobilhersteller zu ermöglichen.[95]

5.2 Trends

Zukünftig wird der Funktionsumfang von vernetzten Fahrzeugen immer weiter ansteigen. Der Personalisierungsgrad der Fahrzeuge wird dank komplexer Algorithmen und intelligenter Software zunehmen.[96] So werden lernende Algorithmen dem vernetzten Fahrzeug ermöglichen, zwischen einem Arbeitstag und einem freien Tag des Fahrzeuginsassen zu unterscheiden, um damit beispielweise die Parkplatzsuche einmal zeitgünstig und einmal kostengünstig zu gestalten.[97] Ein weiteres mögliches Szenario könnte sein, dass das vernetzte Fahrzeug ein Fahrerprofil mit entsprechender Sitz-, Spiegel-, Fahrwerks- und Motoreinstellung erstellt und dieses Profil in jedem anderem beliebigen vernetzten Fahrzeug mitgenommen und aktiviert werden kann.[98]

Eines der bekanntesten Möglichkeiten, die in Zukunft durch vernetzte Fahrzeuge ermöglicht werden soll, ist das autonome Fahren. Beispielsweise möchte der Automobilhersteller BMW die Serienproduktion für selbstfahrende Autos bis 2021 starten.[99] Der Schwerpunkt liegt dabei nicht nur auf Autobahnen, sondern auch auf städtische Umgebungen.[100]

---

[93] Vgl. Brown, D. (2016), S. 1.
[94] Vgl. Christe, S. (2014).
[95] Vgl. Polchow, J. (2015).
[96] Vgl. Alam, M. (2016).
[97] Vgl. ebd.
[98] Vgl. ebd.
[99] Vgl. Rottinger, D. (2016).
[100] Vgl. ebd.

Ziel soll es dabei sein, dass der Fahrzeuginsasse nicht nur die Hände vom Lenkrad nimmt, sondern sich ausschließlich anderen Dingen im Fahrzeug widmen kann.[101]

Die Entwicklung von vernetzten Fahrzeugen wird auch die Entwicklung von neuen Technologien fördern. Beispielsweise gaben die beiden Firmen Intel und LG auf dem Mobile World Congress (MWC) bekannt, dass sie künftig gemeinsam 5G-basierende Telematiksysteme für vernetzte Fahrzeuge entwickeln wollen.[102] Dabei handelt es sich um ein Mobilfunkstandard der fünften Generation, welches im Gegensatz zum in Kapitel 3.1.2 vorgestellten LTE-Mobilfunkstandard eine um 33-mal höhere Datentransferrate ermöglicht.[103] Die größere Bandbreite, Übertragungsgeschwindigkeit und geringere Latenzzeit[104] erlaubt zudem eine stabilere und schnellere Verbindung in der Car2X-Kommunikation.[105]

Neben dem steigenden Funktions- und Technologieumfang von vernetzten Fahrzeugen wird die Entwicklung vernetzter Fahrzeuge auch maßgeblich Verschiebungen im Automobilmarkt verursachen. Die bisher abgeriegelte Automobilindustrie steht nun aufgrund großer, kapitalstarker und innovativer IT-Unternehmen wie Google und Apple vor der Gefahr, zu namenlosen Hardwarelieferanten, dem Fahrzeug, degradiert zu werden.[106] Das Risiko wird durch die aktuelle Fertigungstiefe der deutschen Hersteller von weniger als 20% zusätzlich verstärkt, d.h. die Automobilhersteller produzieren weniger selbst und vergeben den Großteil der Gütererstellung an Zulieferer.[107]

---

[101] Vgl. Rottinger, D. (2016).
[102] Vgl. Greif, B. (2016).
[103] Vgl. ebd.
[104] Definition: Die Latenzzeit beschreibt die Zeitspanne zwischen Senden und Empfangen von Daten (zwischen Sender und Empfänger).
[105] Vgl. Greif, B. (2016).
[106] Vgl. Johanning, V., Mildner, R. (2015), S. 101 f.
[107] Vgl. ebd., S. 101 f.

6   Fazit

Seit dem Jahre 1886, als Herr Karl Benz das Automobil erfand, wurde das Automobil Jahr für Jahr mit unzähligen Veränderungen perfektioniert, d.h. über hundert Jahre hat es gebraucht, um das Automobil so zuverlässig und sicher zu entwickeln, wie das heute der Fall ist. Mit Einzug der Informatik im Automobil und dessen Zusammenspiel mit der Elektronik wurden innerhalb kürzester Zeit zahlreiche Innovationen im Fahrzeug ermöglicht, die heutzutage aufgrund der Sicherheit und des Komforts kaum mehr wegzudenken sind. Angefangen von der Zentralverriegelung über das Anti-Blockier-System ABS bis hin zum Navigationssystem und anderen Assistenzsystemen wie beispielsweise das Spurhalteassistenzsystem.

Und die mit Einzug der Informatik im Automobil angestoßene Entwicklungskurve hält ihre exponentielle Richtung bei. Nachdem mithilfe der Sensortechnik, der Positionsbestimmung und der Kommunikationstechnik dem Fahrzeug das Fühlen, Sehen und Sprechen beigebracht wurde, schafft die Informatik mit Kopplung und Verwendung dieser Informationskanäle das vernetzte Fahrzeug. Das Automobil wird derzeit durch die Vernetzung zu einem aktiven Teil eines digitalen Ökosystems und damit zu einem mobilen Endgerät im Internet der Dinge. Bis dahin unvorstellbare Szenarien wie beispielsweise selbstfahrende Autos inklusive Überhol-, Brems- oder Ausweichmanövern werden nun Wirklichkeit. Die Informatik im Automobil führt mit der Vernetzung des Fahrzeugs zu einer automobilen Revolution.

Durch die rasante Entwicklung dürfen die aktuellen Problemstellungen, die sich mit der Vernetzung des Fahrzeugs ergeben, nicht vernachlässigt werden. Die Datensicherheit und Datenintegrität für die Sicherheit des Fahrzeugs als auch für den Datenschutz des Fahrzeuginsassen müssen gewährleistet werden. Um dieses Ziel zu erreichen, sind strenge und weltweit einheitliche Sicherheitsstandards notwendig, die einer Kontrolle zur Einhaltung bedarf. Um die Entwicklung nicht zu bremsen, sind zudem weltweit geltende Industriestandards und die Unterstützung durch die Politik für die Vernetzung der Fahrzeuge erforderlich. Werden diese und andere durch die Vernetzung entstehende Herausforderungen gemeistert, steht dem Neuerfinden des Automobils und der Mobilität mithilfe der Informatik nichts mehr im Wege.

Literaturverzeichnis

Literatur-Quellen

Hofmann-Wellendorf, B., Kienast, G., Lichtenegger, H. (1994): GPS in der Praxis, Springer Verlag, Wien 1994

Johanning, V., Mildner, R. (2015): Car IT kompakt, Das Auto der Zukunft – Vernetzt und autonom fahren, Springer Vieweg Verlag, Wiesbaden 2015

Käfer, T. (2015): Car-Forensics: Digitale Forensik im Kontext von Fahrzeugvernetzung, eCall, KFZ-Unfalldatenschreibern und Smartphone-Kopplung, 2. Aufl., Books on Demand, Norderstedt 2015

Laglstorfer, R. J. (2013): Die Zukunft des intelligenten Automobils: Wirtschaftliche Markteinführungsszenarien am Beispiel Audi, Diplomica Verlag GmbH, Hamburg 2013

Plößl, K. (2009): Mehrseitig sichere Ad-hoc-Vernetzung von Fahrzeugen, Diss., Gabler Verlag, Wiesbaden 2009

Reif, K. (2011): Bosch Autoelektrik und Autoelektronik, Bordnetze, Sensoren und elektronische Systeme, 6. Aufl., Vieweg+Teubner Verlag, Wiesbaden 2011

Verband der Automobilindustrie e.V. (2012): Vernetzung – Die digitale Revolution im Automobil, Potsdam 2012

von Fersen, O. (1986): Ein Jahrhundert Automobiltechnik: Personenwagen, Verein Deutscher Ingenieure-Verlag GmbH, Düsseldorf 1986

Internet-Quellen

Alam, M. (2016): The Top Five Trends For The Connected Car in 2016, URL: https://techcrunch.com/2016/01/02/the-top-five-trends-for-the-connected-car-in-2016/, Abruf am 20.07.2016

Allianz Deutschland AG (2016): Telematik-Versicherung BonusDrive, URL: https://www.allianz.de/auto/kfz-versicherung/telematik-versicherung, Abruf am 19.07.2016

Brown, D. (2016): Responsibility for Vehicle Security and Driver Privacy in the Age of Connected Car, URL: http://www.veracode.com/sites/default/files/Resources/Whitepapers/idc-veracode-connected-car-research-whitepaper.pdf, Abruf am 19.07.2016

Christe, S. (2014): Das „Connected Car" braucht Sicherheit, URL: http://www.cio.de/a/das-connected-car-braucht-sicherheit,2976549,2, Abruf am 20.07.2016

Dietz, U. (2009): CoCar Feasibility Study, Technology, Business and Dissemination, URL: http://www.aktiv-online.org/deutsch/Downloads/2009-05-14%20CoCar%20Milestone/CoCar_D04%20public.pdf, Abruf am 09.07.2016

Greif, B. (2016): Intel und LG kooperieren bei 5G-Telematiksystemen für Connected Cars, URL: http://www.zdnet.de/88260834/intel-und-lg-kooperieren-bei-5g-telematiksystemen-fuer-connected-cars/, Abruf am 20.07.2016

International Data Group Business Media GmbH (2016): Das Vernetze Auto, URL: http://computerwoche.pageflow.io/connected-car#14997, Abruf am 03.07.2016

ITWissen.info (2014): Galileo, URL: http://www.itwissen.info/definition/lexikon/Galileo-Galileo.html, Abruf am 10.07.2016

Polchow, J. (2015): Autoindustrie und Here streben nach Standard, URL: http://www.car-it.com/autoindustrie-und-here-streben-nach-standard/id-0043741, Abruf am 19.07.2016

Rottinger, D. (2016): BMW iNext: Selbstfahrendes Auto kommt 2021, URL: http://www.teltarif.de/bmw-selbstfahrendes-auto/news/64525.html, Abruf am 20.07.2016

Saad, A. (o.J.): Das Automobil als Anwendungsgebiet der Informatik – ein Auto ohne Informatik geht das?, URL: http://subs.emis.de/LNI/Proceedings/Proceedings32/GI-Proceedings.32-4.pdf, Abruf am 04.07.2016

United States Department of Transportation (2009): IEEE 1609 – Family of Standards for Wireless Access in Vehicular Environments (WAVE), URL: https://www.standards.its.dot.gov/factsheets/factsheet/80, Abruf am 09.07.2016

Verband der Automobilindustrie e.V. (2016): Vernetzte Mobilität, URL: https://www.vda.de/de/themen/innovation-und-technik/vernetzung/vernetzte-mobilitaet.html, Abruf am 01.07.2016

Vogt, J. (2014): Geschäftsmodelle für das vernetzte Fahrzeug, URL: http://publikationen2.hs-neu-ulm.de/HNU_WP30_Vogt_Vernetztes_Fahrzeug.pdf, Abruf am 03.07.2016